ORDONNANCE DU ROI,

Concernant les régimens de Recrue.

Du 25 Novembre 1766.

DE PAR LE ROI.

SA MAJESTÉ jugeant convenable au bien de son service, de supprimer plusieurs des régimens de Recrue qu'Elle avoit créés par son ordonnance du 1.er février 1763, d'expliquer ses intentions sur ceux qu'Elle a jugé à propos de conserver, & de réunir dans une seule Ordonnance, différentes dispositions prescrites sur la forme des engagemens; Elle a ordonné & ordonne ce qui suit:

ARTICLE PREMIER.

A commencer du 31 du mois de Décembre prochain, les régimens de recrue d'Abbeville, de Châlons, de Rouen, de Caen, d'Alençon, de Moulins, de Riom, de Lille, de Montauban, d'Auch, de Bordeaux, de Poitiers, de la Rochelle, de Tours, de Grenoble, de Soissons, de Limoges, de Rennes, de Metz, de Bourges, de Valenciennes, de Strasbourg, de Perpignan, de Dijon,

Réforme de vingt-six régimens de Recrue.

A

de Toulouse & de Besançon, seront supprimés; & les régimens de recrue de Lyon, de Sens, de Blois, d'Aix, de Nanci, de la ville de Paris, & celui des Colonies, seront conservés sur pied.

2.

CHACUN des cinq régimens de Lyon, de Sens, de Blois, d'Aix & de Nanci, formera un bataillon qui sera composé de huit compagnies.

3.

LE régiment de Paris, formera deux bataillons de huit compagnies chacun.

4.

LE régiment des recrues des Colonies, que Sa Majesté a fait établir par son ordonnance du 30 avril 1765, formera un bataillon de six compagnies.

5.

CHAQUE compagnie continuera d'être commandée par un Capitaine & un Lieutenant; & composée de deux Sergens, quatre Caporaux, quatre Appointés & un Tambour, & d'un nombre égal d'hommes, proportionnément à celui dont Sa Majesté aura ordonné chaque année la levée.

6.

CHACUNE desdites compagnies sera divisée en quatre escouades, composée chacune d'un Caporal, d'un Appointé, & de plus ou moins de Soldats de recrue, suivant la force des compagnies; chaque escouade ne formera qu'une seule chambrée, lorsqu'elle n'excèdera pas le nombre de douze hommes; elle formera deux chambrées depuis treize hommes jusqu'à vingt-quatre, & ainsi en proportion : on placera à la tête de chaque chambrée un Caporal ou un Appointé, & même un Sergent, autant qu'il sera possible; & lorsque par les incorporations des recrues, il ne restera que les Sergens,

les Caporaux & les Appointés, ceux de chaque compagnie
se réuniront pour ne faire qu'une seule chambrée.

La première & la troisième escouade formeront la première division, à laquelle sera attaché le premier Sergent; la seconde & la quatrième escouade formeront la seconde division, à laquelle sera attaché le second Sergent; le Lieutenant en rendra compte tous les jours au Capitaine, lequel le rendra au Commandant.

7.

L'ÉTAT-MAJOR de chacun des régimens de Lyon, de Sens, de Blois, d'Aix & de Nanci, sera composé d'un Commandant, d'un Aide-major, d'un Sous-aide-major & d'un Chirurgien.

8.

L'ÉTAT-MAJOR du régiment de la ville de Paris, sera composé d'un Colonel, d'un Lieutenant-colonel, d'un Major, deux Aides-major, deux Sous-aides-major, & d'un Chirurgien.

9.

L'ÉTAT-MAJOR du régiment de recrue des Colonies, sera composé d'un Commandant, d'un Major, d'un Aide-major, d'un Sous-aide-major, & d'un Chirurgien.

10.

CHACUNE desdites compagnies, sera payée par jour, à raison de trois livres au Capitaine, vingt-cinq sous au Lieutenant, onze sous quatre deniers à chaque Sergent, sept sous huit deniers à chaque Caporal, six sous huit deniers à chaque Appointé, sept sous huit deniers au Tambour, & cinq sous huit deniers à chaque homme de recrue.

11.

L'INTENTION de Sa Majesté est que la retenue des quatre deniers pour livre, du montant de la solde desdites compagnies, soit à la charge des Capitaines, lorsque les compagnies fe trouveront paffer aux revues des Com-miffaires des guerres, au nombre de quarante hommes & au-deffous, y compris les Hautes-payes; & que lorfqu'elles fe trouveront excéder ledit nombre de quarante hommes, la retenue des quatre deniers pour livre du montant de la folde des hommes excédans ledit nombre, foit à la charge de Sa Majefté, & que la dépenfe en foit allouée dans les comptes de l'Extraordinaire des guerres.

1 2.

Appointemens des États-majors.

L'ÉTAT-MAJOR de chacun des régimens de Lyon, de Sens, de Blois, d'Aix & de Nanci, fera payé par jour, à raifon de cinq livres au Commandant, trois livres à l'Aide-major, vingt-cinq fous au Sous-aide-major, & feize fous huit deniers au Chirurgien.

1 3.

L'ÉTAT-MAJOR du régiment de la ville de Paris, fera payé par jour, à raifon de dix livres au Colonel, fix livres treize fous quatre deniers au Lieutenant-colonel, cinq livres au Major, trois livres à chaque Aide-major, vingt-cinq fous à chaque Sous-aide-major, & feize fous huit deniers au Chirurgien.

1 4.

L'ÉTAT-MAJOR du régiment des recrues des Colonies, fera payé par jour, à raifon de cinq livres au Commandant, cinq livres au Major, trois livres à l'Aide-major, vingt-cinq fous au Sous-aide-major, & feize fous huit deniers au Chirurgien.

1 5.

Officiers confervés n'auront point de penfion de réforme.

ENTEND Sa Majefté que les Officiers employés dans lefdits régimens confervés, & qui avoient obtenu des penfions de réforme, continuent d'en être privés pendant tout le temps qu'ils recevront des appointemens auxdits régimens.

16.

16.

Tambours.

Au moyen de la folde ci-deſſus réglée aux Tambours, ils feront tenus d'entretenir leur caiſſe de peaux & de cordages, & de fe fournir de baguettes.

17.

Époque du payement des appointemens & de la folde.

Les appointemens & folde réglés par les articles 10, 12, 13 & 14, feront payés aux Officiers, Sergens, Caporaux, Appointés & Tambours, à commencer du 1.er du mois de Janvier prochain.

A l'égard des hommes de recrue, ils feront payés de leur folde, à commencer du jour de leur engagement, fur les revues des Commiſſaires des guerres, qui y rappelleront chacun defdits hommes de recrue, pour le temps qui lui fera dû de fa folde.

18.

Linge & chauſſure.

Il fera retenu fur la folde de chaque Sergent, feize deniers par jour, & huit deniers fur celle de chaque Caporal, Appointé, Soldat & Tambour, pour être employés à les fournir de linge & chauſſure.

19.

Maſſe de l'habillement.

La Maſſe de l'habillement defdits régimens de recrue confervés, aura lieu, à raiſon, par jour, de deux fous pour chaque Sergent & Tambour, & d'un fou pour chaque Caporal, Appointé & Soldat; & payée fur le pied de deux Sergens, quatre Caporaux, quatre Appointés, cinquante-deux Soldats & d'un Tambour; l'intention de Sa Majeſté étant cependant que cette Maſſe foit augmentée à proportion du nombre des hommes qui fe trouveront au-delà des cinquante-deux hommes fixés par le préfent article.

20.

Adminiſtration de ladite Maſſe.

Au moyen de la maſſe de l'habillement, dont Sa Majeſté fe réferve l'adminiſtration, Elle donnera fes ordres pour faire habiller & équiper lefdits régimens, Elle fera pourvoir aux réparations de l'habillement & de l'équipement, fur les mémoires qui feront envoyés de leur fituation.

B

par le Commandant du régiment, au Secrétaire d'État ayant le département de la guerre.

2 1.

Armes. LES armes dont lesdits régimens conservés, auront besoin, leur seront fournies des arsenaux de Sa Majesté, & les réparations en seront ordonnées comme celles de l'habillement.

2 2.

Uniforme. LESDITS régimens continueront de porter l'habit uniforme qui leur a été réglé, sans qu'ils puissent y augmenter ni diminuer rien, sous aucun prétexte.

2 3.

Forme des engagemens. A commencer du 1.er du mois de Janvier prochain, les hommes de recrue ne seront plus faits par les préposés des Intendans des provinces, qui cesseront d'engager, à commencer dudit jour.

2 4.

LE Commandant de chacun des régimens de Lyon, ~~de Sens~~, de Blois, d'Aix & de Nanci, en sera supérieurement chargé, & tous les Officiers qui composent lesdits régimens, en seront chargés sous ses ordres; l'intention de Sa Majesté étant que ledit Commandant fasse la répartition des recrues à faire, entre tous les Officiers & bas Officiers dudit régiment, de la manière qui lui paroîtra la plus convenable au bien du service de Sa Majesté, en les dispersant comme il le jugera à propos, lesquels pourront en conséquence s'absenter, sur la permission par écrit du Commandant, pourvu cependant qu'il reste toujours au quartier d'assemblée du régiment, au moins un Sergent, deux Caporaux & deux Appointés par compagnie.

2 5.

CHACUN des régimens de recrue conservés, sera autorisé à engager dans tous les lieux du royaume.

2 6.

CHAQUE Officier ou bas Officier sera tenu de faire

le nombre d'hommes qui lui aura été preſcrit par le Commandant du régiment; ſe réſervant Sa Majeſté de déclarer ſes intentions ſur la peine que devra encourir celui deſdits Officiers qui n'aura pas rempli les intentions du Commandant à cet égard.

27.

L'ÉTAT-MAJOR du régiment ſe tiendra toujours au quartier d'aſſemblée dudit régiment, & l'Aide-major ou le Sous-aide-major ſera chargé d'y engager ceux en état de ſervir qui deſireront contracter un engagement.

28.

IL ſera payé pour chaque homme de recrue, fait par les Officiers deſdits régimens, la ſomme de cent livres; mais cette ſomme ne ſera payée que pour chaque homme qui aura joint ledit régiment.

Prix des hommes engagés.

Les hommes faits pour le régiment des Colonies, continueront d'être payés ſoixante-dix livres, conformément à l'Ordonnance du 30 avril 1765.

29.

ENTEND Sa Majeſté que ſur ladite ſomme de cent livres, il ſoit fourni à chaque homme de recrue deux chemiſes de toile, un col noir, une paire de ſouliers, une paire de guêtres noires & un havreſac : Entendant Sa Majeſté que leſdites cent livres ne puiſſent être payées aux Officiers qui auront fait ces hommes, que ſur un certificat du Commandant, viſé par le Commiſſaire des guerres, qui conſtatera ladite fourniture faite à chaque homme : Veut auſſi Sa Majeſté que ſur ladite ſomme de cent livres, il ſoit réſervé vingt livres, pour être diſtribuées à chacun deſdits hommes; ſavoir, dix livres à ſon arrivée au régiment de recrue, & les dix livres reſtantes, après ſa réception au régiment auquel il ſera deſtiné, ainſi qu'il ſera réglé, & que l'excédant deſdites cent livres, ſoit employé au ſurplus de l'engagement de chacun & aux frais qu'il aura pu occaſionner.

30.

POUR mettre les Officiers-recruteurs en état de recevoir ladite somme de cent livres pour le prix des engagemens des hommes de recrue, Sa Majesté fera remettre aux Commis des Trésoriers généraux dans les provinces, les fonds nécessaires, à proportion du nombre d'hommes que chaque régiment aura été chargé de faire.

31.

L'AIDE-MAJOR du régiment, tiendra un registre de l'emploi des sommes qui lui feront remises, & ledit registre fera visé & paraphé par le Commissaire des guerres chargé de la police du régiment.

32.

CET argent, ainsi que celui de la solde ou de toute autre partie qui appartiendra à chaque régiment, fera mis dans une caisse dont l'Aide-major aura la régie, subordonnément au Commandant, & conjointement avec le Commissaire des guerres chargé de la police dudit régiment, sous les ordres du Secrétaire d'État ayant le département de la guerre.

33.

CETTE caisse aura trois serrures, dont les trois clefs feront entre les mains, l'une du Commandant, & en son absence, du plus ancien Capitaine qui fe trouvera au quartier; la seconde entre les mains de l'Aide-major, & en son absence, du Sous-aide-major; & la troisième entre les mains du Commissaire des guerres chargé de la police dudit régiment, de manière que ladite caisse ne puisse s'ouvrir qu'en présence de ces trois personnes : Entend Sa Majesté que ladite caisse soit déposée chez le Commandant du régiment, & en son absence, chez le Commissaire des guerres.

34.

L'INTENTION de Sa Majesté est qu'il soit donné
des

des ordres par les Intendans des provinces, pour l'établissement des Officiers qui iront en recrue dans les
différens endroits qui leur seront assignés par le Commandant du régiment; & qu'il leur soit fourni, ainsi qu'aux
bas Officiers & aux hommes de recrue, un logement
en nature.

35.

LES Officiers & bas Officiers chargés de recruter,
seront employés sur les revues des Commissaires des
guerres, comme présens, pendant leur absence pour le
travail des recrues, & le décompte de leurs appointemens
& solde leur sera fait avec la plus grande exactitude.

36.

LES Officiers & bas Officiers-recruteurs, n'emploieront *Age & Taille.*
ni séduction ni violence, ni aucune autre supercherie pour
déterminer les sujets à s'engager; Sa Majesté voulant qu'il
ne soit absolument admis que des gens de bonne volonté,
de l'âge de seize ans accomplis jusqu'à trente-cinq, pendant
la paix, & aussi de l'âge de seize ans accomplis jusqu'à
quarante, pendant la guerre; de la taille de cinq pieds
un pouce au moins, en temps de guerre, pieds nus, &
de cinq pieds un pouce six lignes, aussi pieds nus &
d'espérance, en temps de paix, pour l'Infanterie; & de
cinq pieds trois pouces au moins, aussi pieds nus, pour
la Cavalerie & les Dragons.

Permet néanmoins Sa Majesté, qu'en temps de guerre
lesdits Officiers puissent enrôler des hommes de quarante-
cinq ans, qui ayant déjà servi, seront encore en état de
reprendre le service, & des Soldats, qui après avoir obtenu
des places à l'Hôtel royal des Invalides, auront la force
& les qualités nécessaires pour continuer de servir, pourvu
cependant qu'ils soient munis d'une permission par écrit
du Gouverneur dudit Hôtel.

37.

TOUS ceux qui pourroient être engagés avant l'âge

de seize ans, seront tenus, pour obtenir leur dégagement, de produire leur extrait baptistaire, dûment légalisé par le Juge ou le Subdélégué du lieu; & lorsqu'il sera prouvé qu'ils auront été engagés, de quelque manière que ce soit, avant ledit âge de seize ans accomplis, veut Sa Majesté que leur congé leur soit délivré, aussitôt après qu'ils auront remis à la caisse des recrues du régiment, les sommes qu'ils auront reçues d'engagement, & le prix des effets qui leur auront été donnés.

38.

ENTEND Sa Majesté que pour que les dispositions de l'article précédent, aient lieu en faveur de ceux qui se trouveront avoir contracté un engagement, avant d'avoir atteint l'âge de seize ans, ils soient tenus de réclamer contre ledit engagement, au plus tard dans l'espace du mois qui suivra celui où ils auront atteint ledit âge de seize ans; lequel temps passé, leur engagement sera reconnu valable, & leur congé ne pourra leur être donné qu'après l'expiration de leur engagement.

39.

LES Officiers-recruteurs recevront de préférence, les artisans de certaines professions, tels que les Fourbisseurs, Charpentiers, Selliers, Épronniers & Maréchaux, ayant l'âge & la taille prescrits; ils examineront avec soin tous les hommes qui auront déjà servi, & refuseront ceux qui leur paroîtront suspects, poursuivis ou flétris par la justice, & indignes de la profession des armes: Ils n'engageront point les hommes des îles de Ré & d'Oleron, les hommes classés dans la Marine, ou assujettis au service de la Garde-côte, ni ceux, qui ayant déjà servi, ne seront point porteurs de congés absolus en bonne forme, ni enfin ceux nés dans le comtat Venaissin, sans avoir une permission par écrit du Vice-légat.

40.

Durée des engagemens. LE temps du service des hommes de recrue, sera de huit années, pendant lesquelles ils ne pourront s'absenter sans congé de la troupe dont ils seront, à peine d'être poursuivis & punis comme déserteurs; voulant Sa Majesté qu'à l'expiration desdites huit années de service, il leur soit expédié des congés absolus, en temps de guerre comme en temps de paix : Sa Majesté déclarant que ceux desdits hommes de recrue qui seront parvenus à des places de Sergens, de Caporaux ou d'Appointés, ne seront point obligés de servir au-delà des huit années de leur engagement, lesquelles seront comptées du jour de leur enrôlement.

41.

LES engagemens seront faits sur des imprimés conformes au modèle joint à la présente ordonnance, lesquels seront envoyés à chaque régiment de recrue ; l'homme enrôlé y mettra sa signature, ceux qui ne sauront point écrire, feront leur marque en présence de deux témoins qui signeront comme tels, l'engagement, au bas duquel seront le signalement & les renseignemens sur la profession de l'homme engagé & sur l'argent qu'il aura reçu.

Modèle des engagemens.

42.

LES Officiers ou bas Officiers, en recevant les engagemens dans la forme ci-dessus prescrite, délivreront aux nouveaux enrôlés des certificats d'engagement de huit ans, dont il leur sera envoyé des exemplaires sur lesquels ils rempliront le signalement de l'homme enrôlé & la somme qu'il aura reçue.

43.

CELUI des enrôlés qui sera reconnu pour avoir déguisé son nom, son âge & le lieu de sa naissance, sera condamné aux galères; les Officiers ou bas Officiers-recruteurs en préviendront tous les sujets qui se présenteront pour s'enrôler.

44.

AUCUN engagement ne pourra être annullé que par le Secrétaire d'État ayant le département de la guerre.

45.

TOUT homme qui se présentera pour s'engager, & qui desirera servir dans un régiment, par préférence à un autre, y sera envoyé, & ne pourra jamais être destiné pour un autre régiment.

46.

LES sujets qui n'auront pas les qualités prescrites, ou seront attaqués d'infirmités apparentes ou secrètes, seront réformés, après l'examen qui en sera fait à leur arrivée au régiment, & les Officiers seront privés du prix réglé pour l'engagement; mais aussi Sa Majesté entend que les hommes, qui ayant des infirmités habituelles, seront parvenus néanmoins, en les cachant, à contracter un engagement, soient mis en prison & contraints de restituer ce qu'ils auront reçu.

47.

ENJOINT Sa Majesté auxdits Officiers-recruteurs, de réunir en chambrées les hommes de recrue, depuis l'époque de leur engagement, jusqu'au jour qu'ils les feront partir pour le quartier du régiment de recrue; veut aussi Sa Majesté qu'ils soient logés comme les Soldats de ses Troupes, afin qu'ils vivent par-tout en bonne discipline & police.

48.

LES nouveaux enrôlés qui tomberont malades au dépôt particulier, seront reçus dans les hôpitaux bourgeois & maisons de charité les plus prochains, & y seront nourris & médicamentés gratuitement, devant être réputés habitans de la ville; & dès qu'ils auront été admis à servir dans le régiment de recrue, ils seront reçus dans les hôpitaux de Sa Majesté, & traités comme les Soldats de ses Troupes.

49.

ORDONNE Sa Majesté aux Prevôts, Officiers & bas Officiers de Maréchaussée, d'accompagner avec leurs brigades, les hommes de recrue dans leur marche, lorsqu'ils en seront requis par les Officiers-recruteurs, dans les cas de nécessité seulement.

50.

LES Officiers-recruteurs tiendront un regiſtre journal
de leur travail, & lorſqu'ils auront dans un dépôt particulier, un certain nombre d'hommes, ils les feront rendre,
à leurs frais, au régiment, & les y feront conduire par
les bas Officiers qui feront jugés néceſſaires; l'état de
ſignalement deſdits hommes de recrue, fera remis à celui
qui fera chargé de les conduire, & qui le remettra au
Commandant du régiment de recrue.

51.

LES hommes de recrue, à leur arrivée aux quartiers
d'aſſemblée du régiment de recrue, feront examinés par
le Commandant du régiment, en préſence de l'Aide-
major & du Commiſſaire des guerres chargé de la
police du régiment, lequel dreſſera, fur le champ, un
état de ceux qui n'auront pas les qualités requiſes &
preſcrites, & l'enverra auſſitôt au Secrétaire d'État ayant
le département de la guerre, ou les réformera en même
temps; mais l'Officier qui les aura engagés ne recevra
rien pour leur engagement.

52.

LE ſignalement de ceux qui feront ainſi réformés, fera
fur le champ envoyé à tous les Officiers du régiment, afin
d'éviter les nouveaux engagemens des mêmes hommes.

53.

A l'égard des hommes de recrue qui auront été reçus,
ils feront diſtribués dans les compagnies du régiment;
le Commiſſaire des guerres, chargé de la police dudit
régiment, après avoir vérifié tous leurs engagemens, &
examiné s'ils font conformes à tout ce qui eſt preſcrit
par la préſente ordonnance, dreſſera l'état de leur ſignalement par compagnie, pour en former le contrôle; il
y marquera leur âge & la date de leur engagement,
du jour duquel il les fera payer fur ſes revues; il marquera
auſſi fur ce contrôle, ſi leſdits hommes ont déjà ſervi.

54.

LE Commandant fera remettre enſuite aux nouveaux

D

hommes de recrue, la somme de dix livres, en préfence du Commiffaire des guerres , & leur fera délivrer à chacun les parties d'équipement prefcrites par l'article 29 de la préfente ordonnance ; & le Commiffaire des guerres tiendra la main à ce que ces fournitures foient bien conditionnées.

55.

LE Commiffaire des guerres chargé de la police de chaque régiment de recrue, fera auffi chargé de toute l'adminiftration des finances. L'intention de Sa Majefté eft, que ledit Commiffaire tienne un regiftre exact de la recette & de la dépenfe que les recrues auront occafionnées, & que la dépenfe n'en puiffe être allouée que fur les certificats fignés de lui, & vifés par l'Intendant. Ledit Commiffaire rendra compte au Secrétaire d'État ayant le département de la guerre , de tous les détails concernant lefdits régimens, fuivant les ordres particuliers qui lui en feront donnés.

56.

APRÈS la réception des hommes, la première attention du Commandant de chaque régiment de recrue , fera d'inftruire tous les hommes de leurs différens devoirs, & des peines qu'ils encourroient, s'ils venoient à y manquer : il leur fera lire les Ordonnances par les Officiers & bas Officiers de leur compagnie, qui auront foin de les leur expliquer ; lefdits hommes feront enfuite dreffés aux exercices & à la difcipline, conformément à ce qui eft prefcrit par les Ordonnances.

57.

ILS feront exercés féparément tous les jours par le Caporal ou l'Appointé de chaque efcouade, & fucceffivement par le Sergent de chaque divifion ; par un Lieutenant & un Capitaine, qui ne pourront, fous quelque prétexte que ce puiffe être , fe difpenfer , lorfqu'ils feront au régiment, d'affifter aux exercices.

LES régimens de recrue se conformeront en tout aux Ordonnances concernant l'Infanterie ; mais ils ne pourront, en temps de paix, être assujettis à d'autre service qu'à celui de fournir une garde de police dans l'intérieur de leur quartier, laquelle sera en proportion du nombre des hommes dont chaque régiment de recrue sera composé.

Lorsqu'il n'y restera que les ba   iers, la garde sera d'un Caporal & de trois   s.

D'un Caporal & de d   hommes lorsque les escouades seront de quatre hommes.

D'un Sergent & dix-huit hommes, lorsqu'elles seront à huit hommes.

D'un Lieutenant & trente - six hommes, lorsqu'elles seront à quinze hommes & au - dessus.

Toutes les fois que cette garde sera commandée par un Lieutenant, elle fournira une sentinelle au Commandant du régiment de recrue.

Lorsque cette garde sera commandée par un bas Officier, elle ne fournira point de sentinelle au Commandant.

5 9.

L'INTENDANT donnera une attention particulière au prix des denrées, dans le quartier du régiment de recrue, afin que le Soldat puisse y vivre au moyen de sa solde, & que les Officiers & bas Officiers puissent également y subsister aisément.

6 o.

DÉFEND Sa Majesté aux Capitaines & autres Officiers des régimens de recrue, de donner verbalement ou par écrit, aucun congé absolu ni limité aux hommes dont lesdits régimens seront composés, à peine d'être cassés. Sa Majesté voulant que dans le cas où quelqu'un desdits hommes de recrue ou des bas Officiers, auroit besoin de se rendre pour quelque temps dans sa famille,

le Commandant ne puisse le lui permettre qu'il n'y soit
autorisé par le Secrétaire d'État ayant le département
de la guerre.

61.

Si quelqu'un des nouveaux enrôlés , vient à quitter,
sans permission , le dépôt particulier, ou le quartier du
régiment de recrue , veut Sa Majesté que le signalement
en soit donné au Prévôt de la Maréchaussée , pour que
ledit homme soit puni suivant la rigueur des Ordonnances
rendues contre les déserteurs : Ordonne à cet effet Sa
Majesté qu'il soit donné aux brigades de Maréchaussée
qui auront été employées à la capture desdits hommes
de recrue, par gratification, sur le fonds desdites recrues,
trois livres pour chacun des cinq & six premiers hommes
qu'elles arrêteront chaque année; quatre livres pour chacun
des septième & huitième ; cinq livres pour chacun des
neuvième & dixième, & ainsi en augmentant à proportion;
de manière cependant, que ladite gratification ne puisse
excéder dix ou douze livres au plus , tel nombre de
déserteurs que lesdites brigades arrêtent.

62.

Incorporation des hommes de recrue.

Lorsque Sa Majesté jugera à propos de faire rendre
des hommes de recrue aux régimens qui en auront besoin,
Elle fera adresser au Commandant du régiment de recrue
les routes nécessaires pour conduire lesdits hommes à
leur destination ; lesdites routes porteront rétrogradation
au quartier du régiment de recrue , pour les Officiers
& bas Officiers seulement, qui accompagneront lesdites
recrues , sur lesquelles routes, les uns & les autres recevront
l'étape en allant & en revenant : A l'égard des brigades de
Maréchaussée qui accompagneront lesdits hommes de
recrue, elles recevront l'étape tant en allant qu'en revenant , sur les ordres des Intendans , chacun dans leur
département.

63.

Les détachemens d'Officiers & de bas Officiers qui

accompagneront

accompagneront les divifions de recrue du quartier du régiment de recrue au régiment auquel elles feront deftinées, feront compofés, favoir, d'un Caporal & d'un Appointé pour vingt hommes ; d'un Sergent, d'un Caporal & d'un Appointé pour quarante hommes ; d'un Lieutenant, d'un Sergent, deux Caporaux & deux Appointés pour foixante hommes ; d'un Capitaine, un Lieutenant, deux Sergens, quatre Caporaux & quatre Appointés pour cent hommes ; s'en remettant cependant Sa Majefté au Commandant du régiment de faire le changement qu'il jugera à propos de faire à la compofition defdits détachemens, fuivant les circonftances.

64.

LE Commandant de chaque détachement, fera porteur de l'état de fignalement des hommes de la divifion dont il fera chargé, lequel état fera fait double, pour l'un être remis au Commandant du régiment qui recevra la divifion, & l'autre pour être rapporté par lui au régiment de recrue, avec le récépiffé du Commandant du régiment, qui fera mis au bas dudit état, & fervira à conftater, non-feulement le jour que ladite divifion aura été remife à fa deftination, mais encore la retenue qui devra être faite des huit deniers de linge & chauffure, pendant tout le temps de la marche des hommes de recrue, laquelle retenue fera mife en augmentation à la maffe de l'habillement : Ledit Officier conducteur fera auffi porteur des dix livres reftantes des vingt livres réfervées pour chaque homme fur les cent livres, ainfi qu'il eft prefcrit par l'article 29, & les remettra au Major, ou à l'Officier chargé du détail du régiment auquel il aura remis les hommes, & il remettra le récépiffé qui lui en fera donné au Commandant du régiment de recrue à fon retour.

65.

LE Commiffaire des guerres chargé de la police du régiment de recrue, avant le départ de chaque divifion, dreffera l'état de fignalement des hommes dont elle fera composée, pour être remis double, comme il est dit ci-dessus, à l'Officier ou bas Officier qui sera chargé de la conduite ; & il sera faire à chacun le décompte de ce qui lui sera dû de solde, linge & chaussure, jusqu'au jour du départ ; fera sa revue au dos de la route, pour servir à la fourniture de l'étape, & en adressera copie au Secrétaire d'État ayant le département de la guerre.

66.

CES hommes de recrue n'emporteront avec eux que la veste, la culotte, les guêtres, le chapeau & le havresac, & laisseront l'équipement & l'armement au régiment de recrue pour servir à d'autres recrues.

67.

ENTEND Sa Majesté, que les Officiers & bas Officiers chargés de conduire les hommes de recrue, soient employés comme présens pendant leur absence, sur les revues des Commissaires des guerres, & que le décompte de leurs appointemens & solde leur soit fait à leur retour.

68.

LORSQUE les routes feront passer lesdites recrues dans des provinces où l'étape ne sera pas établie, il leur sera donné par les ordres des Intendans, un supplément de solde d'un sou par jour pour chaque Soldat ; de trois sous pour chaque Appointé ; de quatre sous pour chaque Caporal, & de huit sous pour chaque Sergent.

69.

L'ÉTAPE sera laissée pour les hommes restés aux hôpitaux de la route, & il leur sera remis un certificat de convalescent, au dos duquel la route sera transcrite, afin que lesdits hommes puissent rejoindre le régiment, dès qu'ils seront en état de se mettre en marche.

70.

L'OFFICIER ou bas Officier chargé de la conduite des recrues, les présentera à leur arrivée au Commandant du corps auquel elles auront été destinées, en lui remettant un des deux contrôles de signalement, dont il sera porteur, afin que ledit Commandant examine si les hommes qui lui seront présentés sont les mêmes que ceux portés sur le contrôle dont le Conducteur de la division sera porteur; il lui donnera un récépissé détaillé du nombre d'hommes qui auront été amenés, en faisant mention de ceux qui se seront perdus pendant la marche & de ceux qui seront restés aux hôpitaux de la route, & dont le Conducteur lui remettra les certificats qu'il aura pris des Directeurs desdits hôpitaux.

71.

A u retour de l'Officier-conducteur, le contrôle, au bas duquel sera le récépissé du Commandant du régiment, sera remis au Commandant du régiment de recrue, & adressé par lui au Secrétaire d'État ayant le département de la guerre.

72.

L e s hommes de recrue feront partie du régiment dans lequel ils seront incorporés, à commencer du jour de leur arrivée audit régiment, & ils prendront rang du jour de leur engagement.

73.

D è s que les hommes de recrue auront été reçus, l'Officier général commandant dans l'endroit où sera ledit régiment, & en son absence le Commandant de la place leur fera prêter serment entre ses mains, à la tête du régiment en bataille, sur les drapeaux, étendards ou guidons, qui seront réunis à cet effet ; lesdits hommes de recrue jureront *qu'ils obéiront aux ordres de leurs Officiers & bas Officiers, qu'ils ne quitteront jamais la troupe dont ils seront, dans quelque occasion que ce soit ; & que voulant servir Sa Majesté avec honneur & fidélité, ils ne déserteront point.*

74.

I l s feront ensuite inscrits sur le contrôle du régiment, où le Major aura attention de faire insérer leur signalement, le jour de leur engagement, & les différentes sommes qu'ils auront reçues, le tout conformément à l'état de signalement qui aura été remis à leur arrivée. Le Major leur fera délivrer enfuite, en préfence d'un Commiffaire des guerres, les dix livres reftantes qui lui auront été remifes par l'Officier conducteur des recrues, le furplus de l'habillement & de l'équipement dont ils auront befoin, & l'armement.

75.

Époque de la ceffation des appointemens des régimens réformés.

A l'égard des régimens de recrue réformés, les Officiers, bas Officiers & Soldats qui les compoferont, toucheront leurs appointemens ou leur folde, jufques & compris le 31 du mois de Décembre prochain, fur la revue qui fera faite ledit jour par le Commiffaire des guerres chargé de la police dudit régiment.

76.

- Traitement des Officiers.

LES Commandans defdits régimens & les Capitaines fe retireront chez eux; les Commandans de régimens, avec rang de Lieutenant-colonel, y jouiront de douze cents livres d'appointemens fur l'extraordinaire des guerres; ceux qui n'auront pas rang de Lieutenant-colonel, de huit cents livres; les Capitaines qui auront vingt ans de fervice, de quatre cents livres; les Capitaines qui n'auront pas vingt ans de fervice, ainfi que les Aides-major qui auront la commiffion de Capitaine, de trois cents livres: A l'égard des Aides-major qui n'auront pas la commiffion de Capitaine, des Sous-aides-major & des Lieutenans, ils fe retireront chez eux, jufqu'à ce que Sa Majefté juge à propos de les rappeler pour leur donner de l'emploi. Il fera donné à tous un mois d'appointemens pour leur donner moyen de fe rendre chez eux; bien entendu que par les foins du Commandant & du Commiffaire des guerres, il fera prélevé fur ce mois d'appointemens ce que chacun d'eux pourroit devoir dans la ville & à leurs foldats.

77.

LES Sergens, Caporaux & Appointés, qui par
l'ancienneté

l'ancienneté de leurs services, mériteront d'obtenir leur retraite à l'Hôtel royal des Invalides, y feront reçus, fi mieux ils n'aiment jouir de la penfion fixée à leur grade, pour tenir lieu de l'Hôtel.

78.

CEUX defdits bas Officiers qui feront en état de fervir, feront incorporés dans les régimens de recrue confervés, pour y remplir les places du même grade qui s'y trouveront vacantes, & ils les joindront fur des routes qui leur feront expédiées à cet effet.

Ceux defdits bas Officiers qui defireront fervir dans la Légion de Saint-Domingue, auront une route pour fe rendre à l'île de Ré : Ceux qui defireront fervir dans les Troupes deftinées pour l'Inde, auront pareillement une route pour fe rendre au Port-Louis : Voulant Sa Majefté, que les uns & les autres foient employés dans lefdites troupes, dans leur grade, & payés en conformité.

Enfin, ceux qui defireront continuer leur fervice dans les régimens d'Infanterie, de Cavalerie ou de Dragons, y feront conduits pour y fervir en qualité de Soldats, Cavaliers ou Dragons ; l'intention de Sa Majefté étant que s'ils s'y comportent bien, ils y rempliffent les premières places de leur grade qui viendront à vaquer.

79.

A l'égard des hommes de recrue qui fe trouveront exiftans dans lefdits régimens de recrue réformés, audit jour 31 Décembre, il en fera fait différentes diftributions pour être envoyés aux régimens d'Infanterie, de Cavalerie ou de Dragons les plus prochains, & y continuer leur fervice ; & s'il s'y en trouve un certain nombre, ils y feront conduits fur des routes par les Aides - majors des régimens, lefquels recevront l'étape fur lefdites routes, & de plus une gratification de cent cinquante livres, lorfqu'ils auront envoyé les certificats qui conftateront la remife defdits hommes aux régimens auxquels ils auront été deftinés, au bas de l'état de leur fignalement.

80.

VEUT Sa Majefté, que le décompte du linge & chauffure foit fait aux bas Officiers & Soldats, jufqu'au 31 du mois de Décembre prochain, & que le montant en foit remis par l'Aide - major du régiment réformé, à celui du régiment dans lequel les Soldats auront été incorporés, lequel s'en chargera pour leur en tenir compte.

81.

LES hommes qui devront être incorporés, n'emporteront avec eux que leur habillement, l'épée, le ceinturon & le fufil, les autres effets appartenans à Sa Majefté, devant être dépofés, avant leur départ, dans fes magafins; & il en fera dreffé un procès-verbal par le Commiffaire des guerres, qui l'adreffera au Secrétaire d'État ayant le département de la guerre.

82.

VEUT au furplus Sa Majefté, qu'il foit procédé par les Intendans des provinces ou les Commiffaires des guerres, au compte final, jufques & compris le 31 du mois de Décembre prochain, de toutes les parties relatives à l'adminiftration actuelle des régimens réformés, & qu'il en foit envoyé un double au Secrétaire d'État ayant le département de la guerre.

83.

SA MAJESTÉ voulant auffi faire connoître fes intentions fur la manière dont fe fera le remplacement des hommes qui viendront à manquer dans fes régimens d'Infanterie françoife, de Cavalerie, de Dragons & de Troupes-légères, Elle entend que les recrues de ces corps foient faites par les foins & fous la police des États - majors, après les états qui en auront été remis au Major par les Infpecteurs généraux de fes Troupes.

84.

IL fera payé cent livres pour chaque homme d'Infanterie, de Cavalerie & de Dragons qui aura les qualités preſcrites par la préſente Ordonnance : Veut au ſurplus Sa Majeſté que les États-majors chargés de faire les recrues de leur corps, ſe conforment entièrement à tout ce qui eſt preſcrit par la préſente Ordonnance pour la forme des engagemens.

85.

AU moyen des cent livres réglées pour les engagemens deſdits hommes de recrue, l'intention de Sa Majeſté eſt que les États-majors ſoient chargés de les faire rendre aux régimens, à leurs frais, & que leſdits États-majors ſoient aſſujettis d'ailleurs à fournir ſur cette ſomme de cent livres, à chacun des hommes de recrue, deux che-miſes, un col noir, une paire de ſouliers, une paire de guêtres & un havre-ſac

86.

ENTEND auſſi Sa Majeſté, qu'aucun Capitaine, Lieutenant ou Sous-lieutenant, ne puiſſe profiter du ſemeſtre qu'à la charge de faire au moins deux hommes de cinq pieds deux pouces pour l'Infanterie, & de trois pouces au moins pour la Cavalerie & les Dragons, leſquels hommes, équipés ainſi qu'il eſt preſcrit, leur ſeront payés ſur le pied de cent livres chacun, rendu au régiment; laquelle ſomme leur ſera comptée ſur les fonds appliqués pour les recrues par le Major du régiment : L'intention de Sa Majeſté étant qu'il ſoit retenu ſur les appointemens des Officiers qui rejoindront leur corps, ſans avoir rempli la condition qui leur eſt impoſée, pareille ſomme de cent livres pour chacun des hommes qu'ils auront dû faire, & que le produit de cette retenue ſoit remis à la caiſſe des recrues.

87.

SA MAJESTÉ voulant être inſtruite, avec la plus grande exactitude, du nombre d'hommes qui auront été faits par les États-majors, d'après les états qui en auront été remis aux Majors par les Inſpecteurs généraux de ſes Troupes ; ſon intention eſt qu'il ſoit dreſſé par lesdits Inspecteurs généraux, lors de leurs revues, des états qui fassent connoître non-seulement le nombre d'hommes qui auront été remis par les États-majors, mais encore ceux qui auront été faits par les Officiers de semestre ou par ceux nouvellement pourvus d'emplois: Voulant aussi Sa Majesté que lesdits Inspecteurs généraux dressent des états, qu'ils enverront au Secrétaire d'État ayant le département de la guerre, des hommes qu'ils auront reçus & de ceux qu'ils auront refusés par défaut de taille ou par des infirmités, pour servir, lesdits états, à constater le payement qui devra être fait à chacun pour ces hommes de recrue, & les retenues à exercer sur ceux des Officiers qui n'auront pas satisfait à leurs obligations.

88.

LESDITS Inspecteurs généraux, après avoir rempli ces différens objets, se feront rendre compte de la situation de la Masse des recrues; observant d'allouer la somme de cent livres pour chaque homme équipé qui aura été reçu; ils adresseront ensuite une copie du compte arrêté, afin que Sa Majesté soit informée de l'emploi des fonds qu'Elle aura fait remettre pour lesdits remplacemens.

89.

POUR donner aux Officiers de l'État-major une plus grande facilité de procéder au travail des recrues, Sa Majesté leur permet de détacher, en temps de paix, de chaque bataillon & de chaque régiment de Cavalerie, de Dragons & de Troupes-légères, un Officier, deux Sergens ou Maréchaux-des-logis, & quatre Caporaux ou Brigadiers, lesquels seront employés à ce travail depuis le 15 Septembre de chaque année jusqu'au 15 Avril suivant : ces Officiers & bas Officiers seront employés comme présens au corps, sur la revue du Commissaire des guerres qui sera chargé de la police du régiment.

90.

LE régiment de recrue de la ville de Paris & celui des colonies,

colonies, compofés & payés comme ils l'ont été jufqu'à préfent, continueront d'être fous les ordres du Lieutenant général de Police de la ville de Paris; les Officiers de ces régimens ne feront point chargés de faire les recrues, & ledit Lieutenant général de Police continuera d'ordonner de tout ce qui fera relatif à la levée des hommes de ces régimens, dont il rendra compte au Secrétaire d'État ayant le département de la guerre : il arrêtera auffi toutes les dépenfes qui feront faites, ainfi qu'il a été réglé précédemment, à raifon de l'enrôlement defdits hommes de recrue, & décidera toutes les difficultés & conteftations qui pourroient s'élever fur le fait des enrôlemens & fur l'argent que les enrôlés fe plaindroient de n'avoir pas reçu; il en fera de même du régiment de Sens, dont le fieur Intendant de Paris fera chargé comme ci-devant.

9 1.

VEUT Sa Majefté que lorfqu'un régiment de recrue fera dans une place ou quartier où commandera un Officier général, ledit Officier général foit autorifé à faire prendre les armes audit régiment toutes les fois qu'il le jugera néceffaire au bien du fervice, à l'effet d'en examiner les hommes, de les faire exercer & de fe faire rendre compte de leur tenue & difcipline, dont il informera le Secrétaire d'État ayant le département de la guerre.

9 2.

LES régimens d'Infanterie Allemande, continueront de faire leurs recrues conformément à tout ce qui leur eft prefcrit par l'Ordonnance du 1.er février 1763, concernant les Recrues des régimens d'Infanterie étrangère, & aux inftructions particulières que leur a données le fieur Baron de Wurmfer, leur Infpecteur.

9 3.

LES régimens d'Infanterie Irlandoife, Italienne & Corfe, fuivront auffi tout ce qui eft prefcrit par la même Ordonnance.

G

Dérogeant Sa Majesté aux Ordonnances du 1.er février 1763 ; concernant les recrues, du 30 avril 1765, pour l'établissement du régiment des Colonies, & à toute autre, en ce qui se trouvera contraire à la présente.

MANDE & ordonne Sa Majesté aux Officiers généraux ayant commandement sur ses troupes, aux Gouverneurs & Lieutenans généraux dans ses provinces, aux Gouverneurs & Commandans de ses villes & places, au Lieutenant général de Police de la ville de Paris, pour les régimens de recrue qui le concernent, aux Intendans dans ses provinces & sur ses frontières, aux Commissaires des guerres, & à tous autres ses Officiers qu'il appartiendra, de tenir la main à l'exécution de la présente Ordonnance. FAIT à Versailles le vingt-cinq Novembre mil sept cent soixante-six. *Signé* LOUIS. *Et plus bas,* LE DUC DE CHOISEUL.

Modèles des Engagemens, Certificats d'Engagement, & des différentes fortes de Congés.

Régiment de Recrue d

ENGAGEMENT.

Je m'engage avec M. {Capitaine ou Lieutenant} *au régiment de Recrue de* *pour fervir pendant huit années dans les Troupes du Roi, & reconnois avoir reçu la fomme de* *livres, à compte de mon engagement,* *& celle de* *pour boire. Fait à* *le*

Ledit a déclaré être de fon métier, né à
le fils de & de de la taille de
cheveux & fourcils les yeux le nez la
bouche vifage marqué de barbe

Régiment de Recrue d

CERTIFICAT D'ENGAGEMENT.

Je fouffigné {Capitaine ou Lieutenant} *au régiment de Recrue de* *certifie avoir reçu aujourd'hui* *du mois d* *de* *l'année* *l'engagement du nommé* *pour fervir pendant huit années dans les Troupes du Roi; lequel a reçu la fomme de* *& il lui fera remis dix livres à fon arrivée au régiment de Recrue, & pareilles dix livres au régiment dans lequel il fera incorporé.*

Ledit a déclaré être né à le
fils d eft de la taille de cheveux &
fourcils les yeux le nez la bouche
vifage marqué de barbe

RÉGIMENT DE RECRUE d

CONGÉ DE RÉFORME.

NOUS

Commandant du régiment de Recrue de

certifions que le nommé   *de son métier,*

né à   *le*   *fils de*

de la taille de   *cheveux & sourcils*   *les*

yeux   *le nez*   *la bouche*   *le*

visage   *marqué*   *barbe*

a été réformé après avoir été jugé incapable de servir dans les Troupes du Roi, tant par nous que par le Commissaire des guerres chargé de la police dudit régiment, qui en a dressé procès - verbal, étant

En foi de quoi nous lui avons délivré le présent congé de réforme.

FAIT à

INFANTERIE,

CAVALERIE

ou

DRAGONS.

RÉGIMENT de

Approuvé par nous Lieutenant général
des armées du Roi.

CONGÉ DE RÉFORME.

NOUS soussignés, certifions à tous ceux qu'il appartiendra, avoir donné congé de réforme au nommé   *dit*

de la compagnie d   *au régiment d*

natif d   *en la province d*

juridiction d   *âgé d*   *ans, de la*

taille de   *lequel a été jugé incapable de servir dans les Troupes de Sa Majesté, étant*

FAIT à   *le*   *jour du mois d*

mil sept cent soixante-

Vu par nous Commandant
dudit régiment.

Vu par nous Commissaire
des guerres.

Certifié par nous Major
dudit régiment.

INFANTERIE, CAVALERIE ou DRAGONS.

RÉGIMENT de

Approuvé par nous Lieutenant général des armées du Roi.

CONGÉ LIMITÉ DE RÉFORME.

NOUS soussignés, certifions à tous ceux qu'il appartiendra, avoir donné congé pour aller se présenter par-devant le Commandant du régiment de Recrue d   au nommé

dit   de la compagnie d

au régiment d   natif d   en la

province d   juridiction d   âgé de   ans,

de la taille de

FAIT à   le   jour du mois d

mil sept cent soixante-

Vu par nous Commandant dudit régiment.

Vu par nous Commissaire des guerres.

Certifié par nous Maire dudit régiment.

INFANTERIE, CAVALERIE ou DRAGONS.

RÉGIMENT de

Approuvé par nous Maréchal des camps & armées du Roi.

CONGÉ LIMITÉ.

NOUS soussignés, certifions à tous ceux qu'il appartiendra, avoir donné congé pour aller à   jusqu'au   prochain,

au nommé   dit   de la compagnie

d   au régiment d   natif d

en la province d   juridiction d

âgé de   ans, de la taille de

FAIT à   le   jour du mois d

mil sept cent soixante-

Vu par nous Commandant dudit régiment.

Vu par nous Commissaire des guerres.

Certifié par nous Major dudit régiment.

11

INFANTERIE,
CAVALERIE
ou
DRAGONS.

RÉGIMENT de

Approuvé par nous Lieutenant général
des armées du Roi.

CONGÉ MILITAIRE.

NOUS soussignés, certifions à tous ceux qu'il appartiendra, avoir donné congé absolu au nommé

dit   *de la compagnie d*   *au*
régiment d   *natif d*   *en la*
province d   *juridiction a*   *âgé*
de   *ans, de la taille de*

FAIT à   *le*   *jour au mois d*
mil sept cent soixante-

Vu par nous Commandant
dudit régiment.

Vu par nous Commissaire
des guerres.

Certifié par nous Major
dudit régiment.

A PARIS, DE L'IMPRIMERIE ROYALE. 1766.